Kurt Tepperwein

Leichte Herzen strahlen heller

Kurt Tepperwein

Leichte Herzen strahlen heller

Altes loslassen, Neues beginnen – 24 kraftvolle Impulse für eine einzigartige Adventszeit

mvgverlag

1

BEREIT SEIN ZUM LOSLASSEN

Mit diesem Adventskalender wollen wir etwas tun für unser seelisches Wohl! Wir wollen Ballast abwerfen. Lass uns innerlich ausmisten und Gewohnheiten, Glaubenssätzen und überholten Gedanken- und Verhaltensmustern auf den Zahn fühlen.

Sei mutig, schau hin und erkenne, was es mit all den Problemen und Sorgen auf sich hat, denn ihnen können wir etwas entgegensetzen – durch Besinnung.

Besinnung bedeutet Einkehr, Eintauchen in sich selbst und das Entdecken der Schönheiten und Wunder des Lebens. Die Kostbarkeit des Augenblicks und den Wert der Zeit völlig neu zu erfahren, ist eine wunderbare Gelegenheit, die unsere Intuition schärft und unser Inneres öffnet für ein zufriedeneres und erfülltes Dasein.

Lass dein Herz erstrahlen!

Deine innere Wahrhaftigkeit wartet darauf, von dir gelebt zu werden. Sag Ja und mach mit, um Raum zu schaffen für mehr Glück und Leichtigkeit. Loslassen, sein lassen, sein – nur im Sein liegt die wahre Erfüllung.

Es gibt ein Ventil, mit dem der Druck, der durch Stress und Verpflichtungen entsteht, abgelassen werden kann. Dieses Ventil ist aber keine Handlung, sondern eine innere Haltung, die du jederzeit einnehmen kannst. Sie hat etwas mit Verantwortung, Authentizität und Intuition zu tun.

Die Formel des Ventils lautet:

Innehalten, Hineinspüren, Bewusstwerden, Loslassen, Seinlassen, Sein.

Lies diese Worte nicht nur, praktiziere sie! Sag Ja zu dir, zu einem Menschen voller Wunder, der sich öffnet und sich Schritt für Schritt erneuert. Alles ist möglich, wenn du es dir zutraust und deiner Überzeugung vertraust. Bist du bereit, an deinen Unebenheiten so lange zu feilen, bis du »runder« geworden bist? Wir alle haben Ecken und Kanten. Aber je flexibler man ist, umso geringer ist der Widerstand gegen Alltags-Hürden.

Bedenke: Stolpersteine können auch zu Stufen einer Treppe werden, die uns den Weg weisen.

2

BEQUEMLICHKEIT

Wenn es im Winter kalt wird, gilt es, die Balance zwischen Kalt und Warm, zwischen Produktivität und Unlust zu finden.

Eisbären oder Huskys haben ein besonders dickes Fell. Vögel plustern sich auf, Wale umgibt schützendes Fett. Ist der Mensch ein nackter Affe, der sich durch seinen Intellekt einkleidet, den Herausforderungen trotzt und den einfachsten Weg gehen will?

Probleme und Hindernisse sind Geschenke ...

die das Leben lehrreich und abwechslungsreich gestalten. Sie schulen uns in Geduld und Bewusstwerdung und sorgen dafür, dass die Kreativität nicht verloren geht. So bleiben wir in Bewegung. Wie steht es um deine körperliche Widerstandsfähigkeit? Herausforderungen beleben Körper, Geist und Seele.

Bist du bereit, die Komfortzone zu verlassen und die Bequemlichkeit zu überwinden?

Bedenke: Jegliche Abhärtung ist gut fürs Immunsystem und fördert die Zufriedenheit.

Meine Empfehlung

Plane zeitnah einen Tag ein, um deine Grenzen auszuloten und deinen inneren Schweinehund zu überwinden.

Wie wäre es mit Eisbaden? Diejenigen, die Bedenken haben oder lieber behutsamer anfangen, könnten nach dem Saunieren immer ein wenig länger im kalten Becken verweilen. Mein Highlight: 15–30 Minuten abwechselnd ins heiße und kalte Becken. Aber: Bitte achte auf deinen Kreislauf, deine Gesundheit und aufs eigene Empfinden. Starte langsam. Übertreibe nicht!

Quintessenz

Lass Trägheit, Bedenken und Zweifel los – sei offen für Abenteuer. Ein täglicher kurzer Spaziergang ist nicht zu verachten. Aber vielleicht geht ja mehr? Widerstand entsteht im Kopf, wenn man nachdenkt und Vergleiche anstellt.

Fühle, was dir der Augenblick rät! Trau dich! Worauf wartest du? Einen geeigneteren Zeitpunkt als jetzt gibt es nicht. Probiere etwas Neues aus und wage den Sprung ins »kalte Nass«!

3

GEWOHNHEITEN

Nimm dir heute etwas Zeit für dein Innenleben!

Wähle einen Moment, in dem du alleine und ungestört bist. Wenn du magst, zünde eine Kerze an. Und vergiss nicht, vorher dein Smartphone auszuschalten. Harmonische Hintergrundmusik entspannt und geleitet dich in deine Seelenwelt. Mach es dir gemütlich, finde eine angenehme Sitzposition und schließe die Augen.

Atme tief ein und aus, denke an nichts. Beobachte, was kommt und geht, ohne dich davon ablenken zu lassen. Fühle den Moment, das Zur-Ruhe-Kommen, deine Atmung.

Jede Gewohnheit ist ein Ballast!

Nimm eine Gewohnheit, die du schon lange loswerden willst, ins Visier. Was auch immer es ist, stell sie dir in Form eines kleinen Kindes vor. Schau es dir an. Wie sieht es aus? Ist das Kind traurig? Ist es allein? Male dir das Aussehen des Kindes genau aus und imaginiere so viele Details wie möglich.

Vertiefe deine Vorstellung!

Setz dich neben das Kind und reiche ihm die Hand. Stell dir vor, wie ihr nebeneinandersitzt, und lass Liebe fließen. Sie kommt aus deinem Herzen und geht in seinen Körper ein. Beobachte, wie sich das Kind verändert. Lass es sich in ein zauberhaftes Wesen verwandeln.

Setze ein Zeichen!

Wenn du magst, umarme es und verzeihe dir, dass du es abgelehnt hast. Sprich innerlich oder laut: »Ich verzeihe mir, dass ich nicht erkannt habe, was du wirklich bist. Dein innerer Kern ist rein. Ich sah dich mit wertenden Augen anstatt mit reinem Herzen. Was ich über die Sinne wahrgenommen habe, war nur dein Mantel. Jetzt sehe ich dich! Danke für die Erkenntnis, dass es mein Widerstand war, der mir das Leben schwer gemacht hat!«

Blicke stets hinter die Fassaden und traue nicht nur deinen Augen! Der Schein trügt.

4

GLÜCK UND UNGLÜCK

Jeder Mensch hat Kummer. Ist das normal? Erst wenn wir uns schlecht fühlen, richten wir den Fokus nach innen. Solange alles glatt läuft, verlieren wir uns in der Banalität des Alltags. Damit das Glück zum Vorschein kommt, müssen Kummer und Unglück weichen. Erst wenn dunkle Momente verschwinden, kann man das Glück wieder schätzen.

Glück definiert jeder anders, aber alle suchen danach!

Ist die Suche nach Glück nur die Suche nach unserem ureigenen Sein? Eine spannende Frage, der du auf den Grund gehen kannst. Unterscheide zwischen Glücksgefühlen und Glückseligkeit, die grundlegend vorhanden ist. Sie ist nicht von Ereignissen abhängig und verändert sich nie. Sie ist da. Glück, das kommt und geht, ist nutzlos, nur Bleibendes zählt. Ist wahres unvergängliches Glück überall? Erforsche das.

Es hat einen Sinn, warum wir hier sind. Zeit zu vergeuden,
ist keine gute Idee, dafür ist sie zu kostbar.

Unglücklichsein ist eine Entscheidung, die man unbewusst fällt, wenn man nicht über den Tellerrand blickt. Es basiert auf Fehlinterpretationen des eigenen Daseins und des Lebens an sich. Unzählige Missverständnisse führen dazu, dass wir leiden.

Was kannst du dagegen tun?

Stimmungstiefs kommen und gehen. Lass diesen unnatürlichen Zustand los! Löse dich vom Glaubenssatz, dass alles immer perfekt sein muss. Es muss nicht alles unseren Vorstellungen entsprechen. Lass uns mit dem Leben gehen, anstatt dagegen zu steuern!

Quintessenz:

Wer keine Erwartungen hegt, kann nicht enttäuscht werden. Packe das Problem am Schopf und lass Erwartungen und Widerstände konsequent los. Auch Vergleiche mit anderen Menschen oder Situationen kannst du sein lassen. Leg deine Wünsche so wie das Wollen ab. Sei zufrieden mit dem, was du hast. Lege den Fokus auf die Dinge, die da sind und gut sind, anstatt gegen vermeintliche Probleme anzukämpfen. Fließe mit dem Leben!

5

VORSATZ AM KRAMPUSTAG

Ich bin gut, wie ich bin!

Bei diesem Leitsatz fühlen sich nur wenige angesprochen, denn wer kann das schon von sich behaupten? Mit Überheblichkeit hat dieser Satz aber nichts zu tun, denn: Jeder Mensch ist in sich gut. Es gibt keine schlechten Menschen, nur unterschiedliche. Lebensumstände haben auf uns eingewirkt und uns zu dem geformt, was wir sind. Aber sind wir wirklich so? Hatten wir Einfluss darauf, wo wir geboren wurden oder leben?

Zur Zeit der Geburt ist kein Säugling hart oder aggressiv. Als Kleinkind unterscheiden wir nicht zwischen Bettler oder Millionär, wir wollen einfach nur mit jemandem spielen. In dem Alter gibt es keine Besseren oder Schlechteren, nur Spielkameraden.

Weltoffen und vertrauensvoll entdecken wir lebensfroh und voller Neugier das Leben. Da ist nichts, was es loszulassen gilt, weil wir nicht werten, vergleichen und erwarten.

Es ist die Glückseligkeit, die uns lenkt.

Bewusst machen und verändern wollen

Jeder will seine Ecken und Kanten verbessern oder sogar vertuschen. Vielleicht ist es an der Zeit, Eigenschaften loszulassen, die nur dir selbst schaden. Gefühle wie Neid, Eifersucht, Gier, Besitzansprüche und Rücksichtslosigkeit sind menschlich, aber auch wie Dornen, auf die man eines Tages selbst treten wird. Erachte diese Gefühle nicht als schlecht. Sie haben sich irgendwann eingeschlichen und gehören nicht zu dir.

Solange du dir diese Schattenseiten, also negativen Eigenschaften, nicht bewusst gemacht und eingestanden hast, wird dein Leben voller Hindernisse sein. Schau sie dir an, auch wenn es unangenehm ist. Entscheide dich für eine Veränderung und lass deine Sonnenseiten erstrahlen.

Diese Entscheidung ist wie ein Signal, das dein Leben in andere Bahnen lenkt. Dann stellt sich ganz von selbst eine Balance ein, weil du offen dafür bist.

6

LOSLASSEN AM NIKOLAUSTAG

Schreibe eine Liste mit all den Dornen, die dir vielleicht selbst ein Dorn im Auge sind. Sei nicht zu streng mit dir, es sind nur Eigenschaften deines Egos. Dein wahres Sein hat damit nichts zu tun. Da du diese Wesenszüge bei der Geburt noch nicht hattest, stehen die Chancen gut, sie eines Tages auch wieder abzulegen. Hast du darüber noch nie nachgedacht?

Hinschauen, erkennen und in Freiheit entlassen ...

... ist auch hier die richtige Reihenfolge. Es gibt keine »schlechten Eigenschaften«, wenn man erkannt hat, was es mit ihnen auf sich hat. Wir kämpfen oft gegen Eigenschaften an und wissen gar nichts über sie. Mutmaßungen und Vorstellungen haben jedoch keine Relevanz und bringen dich nicht weiter!

Verliere deine Liste nicht aus den Augen und arbeite an dir, damit du ganz unbeschwert, vielleicht schon bald »barfuß« durchs Leben gehen kannst.

Die vorhandene Leichtigkeit darf freigelegt werden.

Ein Zen-Meister bekam Besuch von einem Mann, der sich mit ihm über Zen unterhalten wollte. Zuerst sprach der Mann allerdings von den schlechten Eigenschaften der Menschen und was er alles über sie weiß. Der Zen-Meister erhob sich wortlos und ging in die Küche, um Tee zu kochen. Am Tisch zurück goss er Tee in die Tasse des Mannes und ließ sie vollkommen überlaufen. Der Mann war sprachlos und schaute den Gastgeber mit großen Augen an. Nun goss der Zen-Meister Tee in die andere Tasse. Als die Untertasse ebenfalls mit Tee gefüllt war, konnte sich der Mann nicht mehr zurückhalten. Außer sich rief er: »Halt! Was tun Sie da? Die Tasse ist voll, sehen Sie denn nicht, dass nichts mehr hineingeht?«

»Du bist wie diese Tassen hier«, antwortete der Zen-Meister, »du bist voll von Vorurteilen und Meinungen! Wie soll ich dir Zen beibringen, wo doch gar nichts mehr in dich hineinpasst?«

(frei nach einer alten Überlieferung)

7

BINDUNGEN VS. LEICHTIGKEIT

Bindungen entstehen ...

... wenn wir etwas für uns beanspruchen und festhalten wollen. Doch wir wollen ja frei sein – ist das dann unter diesen Umständen – mit Bindungen – überhaupt möglich?
Ist Loslassen die Lösung für alle Probleme? Nicht ganz!
Würden wir alles annehmen und als gegeben erachten, würden wir es nicht loslassen müssen. Alles, was uns lieb ist, wollen wir ja behalten. Wir möchten immer das loswerden, was wir ablehnen. Somit geht es darum, dass wir uns wohl nicht zwischen Gut und Schlecht entscheiden. Aber wenn alles als neutral und gegeben erachtet wird, was sollte man dann noch loslassen?

Nehmen wir uns nicht zu ernst!

Wichtig ist, dass wir uns nicht unter Druck setzen und aufhören, uns ständig als verkehrt hinzustellen.

Du musst gar nichts, du kannst! Wenn du etwas nicht loslassen kannst, auch gut.
Lass das Leben den Zeitpunkt von Bereitschaft und Veränderung bestimmen,
was es ja ohnehin tut. Alles ist gut!

Leichtigkeit und Freude, Humor und Lebendigkeit sind vier wichtige Eckpfeiler des Lebens. Fehlt einer, fällt der Tisch um, denn auf drei Beinen steht er mehr schlecht als recht. So könnte es auch im Leben wackelig werden.
Es wird leichter, wenn wir dem Leben Leichtigkeit verleihen. Wer sich schlecht fühlt, weil er etwas nicht ändern kann, kreiert ein neues Problem – aber Probleme und Schwächen schwächen dich!

Nimm das Leben mit Humor!

Neun Männer und eine Frau baumelten über dem Abgrund. Das Seil war nicht stark genug, um zehn Personen zu halten, deshalb kamen sie zu dem Entschluss, dass jemand das Seil loslassen müsste, damit sie nicht abstürzten. Da sie zu keinem Ergebnis kamen, sagte die Frau: „Als Frau kenne ich es nicht anders, für Kind und Mann zu sorgen, alles für sie zu tun und mich selbst aufzugeben. Ich lasse freiwillig los." Die Männer waren so gerührt und klatschten.

Fazit: Unterschätze Frauen nicht!

8

MEIN TAG

Ein Loslass-Tag

Lass uns heute einen Spezial-Loslass-Tag einplanen. Lass den Tag langsam angehen und gönne dir bewusst Ruhe. Nimm dir eine Auszeit vom Alltag, um deinen inneren Müllcontainer zu leeren. Es reicht auch eine Stunde, die aber sollte nur dir gehören.

Schreib eine Liste mit Dingen, die nicht mehr in dein Leben passen oder die du gerne verbessern möchtest. Lass dir Zeit, denn es gibt bestimmt einiges, und es braucht Zeit, um es dir bewusst zu machen. Hast du die Liste fertig, dann kennzeichne alle Punkte, die du bereit bist aus deinem Leben zu verabschieden. Los geht's!

Du musst jetzt nicht dein ganzes Leben auf den Kopf stellen, sondern nur im Inneren Klarheit schaffen. Du hast es ja schon mal festgehalten.

Wobei bist du jetzt bereit, zu einer Veränderung Ja zu sagen? Deine Klarheit trifft die Entscheidung, die dem Leben neue Anweisungen gibt.

Auch wenn es Zweifel gibt, vertraue!

Gute Absichten reichen nicht aus, wenn es um eine Neugestaltung geht, aber sie sind der erste Schritt in eine andere Richtung.

Nachdem du alles schwarz auf weiß vor dir liegen hast, wende dich der Klarheit zu. Geh alle Punkte nacheinander durch und spüre bei jedem einzelnen deine innere Überzeugung. Nun sprich laut: »Ja, ich entscheide mich ... loszulassen.« Das verstärkt deine Entscheidung. Je emotionaler dies geschieht, umso besser.

Sei ganz bei der Sache. Fühle die Worte mit all deinen Zellen.

Anschließend bitte darum, dass dich das Leben dabei unterstützt, alles gehen zu lassen, was nicht mehr zu dir gehört: »Ich bin bereit, Raum für Veränderung zu schaffen. Dafür bitte ich dich, mir den alten Ballast abzunehmen und mich für den Wandel zu öffnen. Jetzt! Danke.«

Veränderung beginnt immer in dir drin. Es geht um die vollkommene Überzeugung, dass es jetzt geschieht. Lass es zu.

9

NEUE PERSPEKTIVEN

Der Schlüssel zur Leichtigkeit

Man ist tatsächlich dafür verantwortlich, wie man sich fühlt. Auch wenn man Gefühlsausbrüche nicht steuern kann – man kann den Einfluss auf seine Sichtweise, seine Einstellungen und sein Verhalten ändern. Es heißt nicht umsonst: »Wie man sich bettet, so liegt man.«

Die »Perspektive ändern« ist der Schlüssel, wenn man die Tür zur Leichtigkeit öffnen will.

Wir sehen vieles nicht nur verbissen, sondern durch einen Filter. Der Filter besteht aus Erfahrungen, die im Denken fest verankert sind. Diese Erinnerungen schießen unbemerkt hoch und verwandeln sich in eine Meinung, die mit einer Sache oder dem Ereignis selbst gar nichts zu tun hat. Etwas völlig unvoreingenommen zu betrachten und ihm ohne Vorurteile gegenüberzutreten, ist eine wahre Kunst. Übe dich darin! Es ist nicht ganz einfach, weil das Gehirn in Windeseile Informationen zusammenträgt, sobald wir auf etwas Bezug nehmen. So funktioniert der Mensch.

Wer eingefahrene Sichtweisen loswerden will, sollte diese regelmäßig überprüfen. Du kannst heute damit beginnen, indem du an eine Sache denkst, die dir Schwierigkeiten bereitet hat. Lass dann die Sache selbst – eine Situation, Person oder auch Verhaltensweise – sein, und richte deine ganze Aufmerksamkeit auf dein damaliges Empfinden. Verzichte auf Schuldzuweisungen und fokussiere dich auf dein Verhalten. Wie kam es dazu, dass dich etwas so plagt? Bleib ganz bei dir, denn neben deinem Verhalten müssen auch Gedanken, Gefühle, Worte und Taten beleuchtet werden.

Auch wenn du denkst, dass du alles richtig gemacht hast oder im Recht bist, ziehe zumindest in Erwägung, dass das Ganze etwas mit dir zu tun haben könnte. Nichts geschieht einfach so. Das besagt das Prinzip von Ursache und Wirkung.

Bleibe nicht an alten Perspektiven kleben, öffne dich einer neuen Sicht!

10

STELL DIR VOR ...

Oft denken wir zu kompliziert ...

und deswegen rückt Einfaches in weite Ferne. Je angestrengter wir nach Antworten suchen, desto weniger sehen wir Lösungen. Vieles ist klar, aber nicht im Labyrinth des Denkens! Nur allzu leicht verirrt man sich dort, wenn man unachtsam ist und vergisst, dass Gedanken unreale Hirngespinste sind.

Der Mensch sucht meist nach logischen Lösungen, anstatt sie intuitiv zu erfassen. Aber je länger nachgedacht wird, desto verworrener werden Probleme, weil Mutmaßungen zur Realität werden.

Unsichtbares (Gedanken und Gefühle) oder Sichtbares (Umstände, Personen oder Gegenstände) loszulassen, steht zur Wahl! Nur wer achtsam ist und sich nicht mehr bewusst damit beschäftigt, kann Leichtigkeit erfahren.

Selbst ein Computerprogramm muss entwickelt werden, es braucht Zeit. Auch unsere Neuprogrammierung ist ein Prozess, der uns ganz nebenbei Geduld lehrt.

Ich liebe Metaphern. Sie bescherten mir schon viele Aha-Erlebnisse. Kein Wunder, dass sie ein wichtiges Werkzeug in der Psychotherapie sind. Weil das Gehirn in Bildern denkt, sind Metaphern so wertvoll – wir erinnern uns zur gegebenen Zeit an sie!

Stell dir vor, du musst für viele Jahre ins Gefängnis. Es ist so weit, der Tag ist gekommen und du betrittst deine Zelle. Der Gefängniswärter sagt dir, dass du drei Gegenstände in die Zelle mitnehmen darfst. Er bittet dich, sie aufzuschreiben. Was nimmst du mit?

Als ich in jungen Jahren mit dieser Frage konfrontiert worden bin, habe ich zwei Bücher und ein Bild ausgewählt. Jetzt bin ich gespannt, wie du dich entscheidest.

1 ______________________________

2 ______________________________

3 ______________________________

Antwort: Ich habe die unterschiedlichsten Antworten gehört, woraus sich schließen lässt, was dem Einzelnen wichtig ist. Nie aber hatte jemand den »Schlüssel für die Zelle« aufgeschrieben.

11

DER AUGENBLICK

Vor einem Spaziergang fällt mein Blick auf den Flyer im Flur, der vor einigen Tagen ins Haus flatterte. Ankauf von Schmuck und Edelmetall wurde für heute angepriesen. Da kam mir das Silber im Keller in den Sinn. Ich packe es ein und fahre los. Der Verkäufer behauptet vehement, dass es sich nicht um Silber handle. Die Punze ignoriert er. Weil mir das unseriös vorkommt, zeige ich ihm spontan meinen wertvollen Ring. Es könnte spannend werden. Als er bereit ist, mir fünf Prozent vom Versicherungswert zu zahlen, verlasse ich sprachlos die Lokalität.

Was mache ich aus Erlebnissen?

Im Wald klingt der unfreundliche Ton samt dubiosem Verhalten nach. Immer wieder flammt dieses Ereignis in mir auf. Wörter wie »Frechheit« und »Gauner« begleiten mich des Weges. Da wird mir bewusst, dass es meine Gedanken sind, die mich malträtieren, ganz gleich, was gewesen ist. Das, was ***ich*** über diesen Mann denke, ist die Negativspirale, die ***mich*** hinunterzieht.

Gedanken lassen sich kaum abwimmeln. Warum ist das so schwer? Ich bin mit den Gedanken nicht im Wald, sondern immer noch bei diesem Händler! Lautes Vogelgezwitscher holt mich zurück ins Hier und Jetzt. Ich bleibe stehen und lausche. Auf dem Weg kommt mir eine Katze mit hochgestrecktem Schwanz freudig entgegengelaufen. »Was bist du für ein lieber Streuner!« Ich hätte auch etwas anderes sagen können, sie hätte es nicht gekümmert.
Als sie sich an meine Beine schmiegt, ist es um mich geschehen. Ich streichle ihr weiches Fell und stelle fest, mit welcher Leichtigkeit Tiere durchs Leben gehen. Wir können vieles von ihnen lernen! Plötzlich ist mein Unmut weg. Nicht die Anwesenheit der Katze hatte mein Dilemma beendet, sondern meine Haltung:

Meine ganze Wahrnehmung sammelte sich in diesem einen Moment.

Genau das sollten wir umgehend tun, wenn Schweres überhandnimmt. In allem kann Unbeschwertheit entdeckt werden!

12

TAGESMOTTO

Es gibt Momente, in denen uns alles zu viel wird. Spätestens dann ist es an der Zeit, unsere Prioritäten zu ordnen.

Nicht immer ist alles möglich. Muss es auch nicht! Was ist mir wichtig? Was kann warten? Hier gilt es, klare Entscheidungen zu treffen und manche Ziele ziehen zu lassen. Wer in kleinen Schritten vorwärtsgeht, gelangt auch ans Ziel.

Vertraue auf deine Stärken, aber übernimm dich nicht. Die größte Stärke ist, sich und dem Leben zu vertrauen, das uns stets eine Richtung vorgibt. Sobald Zweifel oder negative Gedanken entstehen, kann man sie festhalten und später reflektieren, wo man sich selbst im Wege steht.

Gönne dir heute nach getaner Arbeit etwas Gutes. Ob Sport oder ein gutes Buch, ja sogar eine bekömmliche Mahlzeit kann motivieren. Tue alles mit Genuss, das tut gut und stärkt die Seele. Wo immer der Genuss zu kurz kommt, bedarf es einer Änderung!

Wähle intuitiv die Botschaft für den heutigen Tag!

1. Alles geht vorbei!	**2.** Folge deinem inneren Kompass!	**3.** Jeder Mensch sehnt sich nach Liebe!
4. Sei aufrichtig und klar!	**5.** Sei offen für anderes!	**6.** Werde aktiv!
7. Achte darauf, womit du dich beschäftigst!	**8.** Übernimm Verantwortung!	**9.** Fang einfach irgendwo an!
10. Überwinde Schwächen!	**11.** Teile deine Freuden	**12.** Verschließe dich nicht!

13

VERGLEICHE

Der Virus des Vergleichens

Wir vergleichen ständig, bemerken es aber nicht. Wir kennen immer jemanden, der mehr kann, mehr weiß oder mehr besitzt. Vergleiche sind Gift für die Seele.

Beobachte dich die nächsten Tage selbst, und sobald du bemerkst, dass du einen Vergleich anstellst, notiere ihn dir. Es geschieht ständig!

Du kaufst etwas ein und stellst später fest, dass es woanders günstiger gewesen wäre. Bei einer misslungenen Sache fällt dir sofort jemand ein, bei dem es geklappt hat. Du denkst, dass die anderen ja auch einen Partner haben: Warum also du nicht!?
Im Alter erwähnt man immer, dass man früher schneller war. Im Urlaub stellst du fest, was am vorigen Urlaub besser war.

Es sind die Unterschiede, die dem Leben seine Würze verleihen.

Lass Vergleiche beiseite! Gestehe dir ein, dass du von diesem Virus des Vergleichens infiziert bist. Aber: Halb so schlimm, er befällt uns alle.
Versuche, dieses Gegenüberstellen von Gut und Schlecht aufzudecken. Sei unermüdlich, wenn es darum geht, diese Verhaltensweise zu entlarven. Erst wenn sie bloßgestellt wird, gerät sie ins Wanken. Gewohnheiten lösen sich nicht durch eine willentliche Veränderung, aber durch Einsicht und Erkenntnis.
Alles spalten wir in Positiv oder Negativ auf, wieso nicht einfach mal etwas unbewertet lassen? Wir müssen nicht immer alles kommentieren, auch wenn es uns anerzogen wurde. Schon als Kind waren wir artig oder unartig. Niemand kam auf die Idee, uns wirklich sein zu lassen, wir waren ja nur so, wie wir waren!
Ist dieser Adventskalender besser als der vom vorigen Jahr? Vergleiche, die es nicht braucht!

Vergeude deine Zeit nicht damit, Vergleiche anzustellen. Durchschaue den bitteren Beigeschmack dieser schlechten Angewohnheit, indem du dich dem Süßen in dir zuwendest.

14

SEI GUT ZU DIR!

Sei nicht so streng mit dir. Sondern geduldig und liebevoll. Was auch immer wir an uns bemängeln, es sind bloß Glaubenssätze, die sich eingeschlichen haben.

Selbstkritik sollten wir nicht länger praktizieren. Sie tut niemandem gut.

Selbstwahrnehmung mag positiv oder negativ sein, doch eines ist sie bestimmt nicht: real. Sie beruht auf Gedanken, die du dir über deine Person zurechtgelegt hast, die völlig haltlos und unnütz sind. Auch das, was andere über dich denken oder sagen, hat sich in deinem Unterbewusstsein verankert. Befreie dich davon!

Wer sagt, dass du langsam oder nicht gut genug bist? Du? Die anderen? Wer bestimmt das? Nur weil die anderen anders sind, bedeutet das nicht, dass sie dich kritisieren müssen. Bestimme nicht nur dein Tempo selbst! Auch Präzision und Sorgfalt benötigen viel Zeit. Schnelligkeit muss also nicht immer ein Vorteil sein. Entschleunigung ist angesagt.

- Überprüfe deine Glaubenssätze, und zwar mit Abstand und neutral.
- Begegne deinem inneren Kritiker freundlich und beurteile ihn nicht. Wenn du ihn kritisierst, tappst du in die Falle und wirst selbst zum Kritisierenden.
- Begegne ihm mit Respekt, aber lass dich nie mit ihm ein. Lass ihn walten, aber nicht regieren.
- Ignoriere ihn. Bitte den unangemeldeten Gast nicht herein. Du entscheidest.

Welche negativen Glaubenssätze fallen dir ein?

Wenn du sie festgehalten hast, wirf ab und an einen Blick auf sie, ohne etwas zu verändern. Beobachte deine Gefühle und Gedanken. Wenn Blumen kein Wasser bekommen, vertrocknen sie. Nähre diese Glaubenssätze nicht.

15

ALLES NEU

Es duftet nach allerlei leckerem Gebäck, Glühwein und Langos. Die Verlockung ist groß. Kann ich der Verführung widerstehen? Ob der Wille dem Vorsatz standhalten wird?

Weniger essen, sich gesünder ernähren und mehr bewegen – nahezu eine Predigt, die seit Jahrzehnten Zeitschriften und Internetportalen Futter bietet. Kein Zucker, kein Weizen, kein Alkohol, kein ... – das ist gesund, ja, aber auch umsetzbar?

Wenn du Reduktion als Verzicht erachtest, wirf deine guten Vorsätze über Bord. Gesünder und bewusster zu leben, ist eine Einstellung. Es ist ein Bedürfnis, das von innen kommt. Wenn sich dort der Schalter nicht umlegt, wirst du nicht erfolgreich sein.

Wer bei Süßem vorbeigeht, ohne Verlangen zu spüren, hat etwas richtig gemacht. Eigentlich hat er nichts getan, denn Veränderung kann weder geplant noch willentlich herbeigeführt werden.

Ein Vorsatz reicht nicht aus, sei überzeugt, beharrlich und stark! Lebe ihn.

Am besten nimmst du eine legere Haltung ein und gehst ganz locker damit um.

Wünsche dir nicht, den kleinen Sünden des Alltags zu entsagen, sondern beschließe es! Alles mit Maß und Ziel zu genießen, ist kein Verzicht, sondern ein Geschenk an uns selbst.

Abnehmen will der, der Übergewicht hat; aber Fett setzt sich nicht durch Lebensfreude, Leichtigkeit und Zufriedenheit an. Wir sollten das Wort Disziplin nicht als negativ erachten und mit Erfahrungen in der Schule oder Erziehung vergleichen. Wahre Disziplin gleicht einer intuitiven Zurückhaltung, die uns erlaubt, uns für mehr Lebensqualität zu entscheiden. Weniger ist mehr!

Selbstdisziplin schenkt dir in jedem Augenblick die Freiheit, abzuwägen, was dir gut oder nicht gut tut.

Vernunft ist etwas sehr Kostbares, speziell wenn es um Gesundheit und Wohlbefinden geht. Prüfe: Hast du wirklich auf etwas Lust, ist es eher Langeweile oder nur eine schnelle Befriedigung?

16

DURCHATMEN

Wie wir bereits wissen, ist Loslassen kein willentlicher Akt. Je entspannter wir sind, desto geschmeidiger wird die Atmung sein, und zwar ohne dass wir bewusst etwas dazu tun. Wer jeden Augenblick bewusst lebt, lässt den Moment automatisch über die Atmung unbewusst los und öffnet sich für den nächsten. Er klebt nicht an der Vergangenheit und schaut nicht in die Zukunft, die nur vom gegenwärtigen Gedankengut abhängig ist! Fokussiere dich auf das, was ist.

Gönne dir:

- Ruhepausen
- Zeit für dich
- Bewusstes Atmen
- Mahlzeiten frei von jeglicher Ablenkung

Sauerstoff kostet nichts und die Atmung funktioniert einfach so. Meistens sind wir kurzatmig und erzeugen damit unwissentlich Unruhe und Hektik. Die Zwerchfellatmung verhilft dir zu mehr Sauerstoff, was sich auch auf deinen Energie-Haushalt und auf deine Zellen auswirkt.

Es geht nicht um komplizierte Atemübungen, bei denen du nahezu ohnmächtig wirst. Du sollst dich wohlfühlen, jeden Moment mit bewusstem Atem füllen und ihn tief in dich hineinlassen. Dazu empfiehlt es sich, die Atmung zu beobachten. Diese wird automatisch ruhiger, wenn du ihr allein deine Aufmerksamkeit schenkst. Wenn du merkst, dass du kurzatmig bist, hat der Körper automatisch einen Weg gesucht, um in Balance zu kommen. Wer zerstreut und gestresst ist, dem entgeht das.

Ich atme bei geschlossenem Mund durch die Nase, wobei es hier unterschiedliche Auffassungen gibt. Ich fülle meine Lungen durch tiefes Einatmen, spüre den Übergang zum Ausatmen durch die Nase bewusst und beziehe den Bauchraum mit ein. Hier gibt es kein Richtig oder Falsch, sondern nur die augenblickliche Erfahrung (die gut tut)!

Schenke dir Zeit! Die Gedanken werden still,
wenn der Fokus auf der Atmung liegt. Sei bei dir.

17

AUTOMATISMUS

Es mag ein Automatismus sein, dass wir Dinge tun, die sich ein Leben lang wiederholen. Beobachte dich bei deinen Handlungen. Meist bist du dir nicht bewusst, wie du etwas tust und warum, es geschieht einfach. Es gibt Selbstläufer, die sich eingenistet haben. Du handelst oft unbewusst. Es scheint eine Kraft zu geben, die dich die Dinge tun lässt.

Wie viel Einfluss haben wir auf die Abläufe in unserem Leben?

Und wie sieht es mit dem freien Willen aus? Oft geschieht etwas, was wir gar nicht wollten. Der Wille liegt nicht in der Entscheidung, er ist bereits vorher aktiv. Es gibt einen persönlichen Willen und einen universellen. Der universelle entscheidet, bevor der persönliche zum Einsatz kommt. Muss das Leben nach deiner Pfeife tanzen? Nein. Wer dem Leben Freiheiten lässt und den natürlichen Fluss nicht stört, wird Harmonie erfahren. Wollen gegen Vertrauen einzutauschen, ist eine Königsdisziplin.

Von der Macht der Gewohnheit profitieren wir auch, z. B. wenn wir im Auto die Kupplung tätigen oder beim Kochen intuitiv mit Gewürzen jonglieren.
Was aber ist mit unliebsamen Angewohnheiten, wie Tag für Tag stundenlang Zeit vor einem Smartphone zu vergeuden? Das kann man, muss man aber nicht. Dagegen anzukämpfen, bringt nichts, eine Ersatztätigkeit könnte eine gute Hilfe sein.
Bevor du ein Gerät einschaltest, frage dich:

- Muss ich das jetzt tun?
- Brauche ich das?
- Warum tue ich es?

Vielleicht bist du dann mit dir beschäftigt und es bleibt keine Zeit mehr für digitale Ablenkung. Du kannst die Fragen auch überspringen, einen Stift in die Hand nehmen und zeichnen oder die längst überfällige Schrank-Ausmist-Aktion in Angriff nehmen. Warum sich nicht einfach Dingen zuwenden, die im Leben stehen? Tausche die virtuelle Welt gegen die, in der du lebst. Probiere Neues aus und sei kreativ.

18

INTERPRETATIONEN

Wir neigen dazu, alles, was geschieht, auf uns zu beziehen.

Eine unvorteilhafte Angewohnheit ist andauerndes Interpretieren, wodurch Missverständnisse entstehen. Sie sind der Grund für Zwistigkeiten, die es eigentlich gar nicht geben müsste, wenn wir unvoreingenommen aufeinander zugehen würden. Wir stellen vieles infrage und urteilen schnell, wenn wir etwas ablehnen und Widerstand hegen. Das *Anders*-Sein der *anderen* und *andere* Situationen bereiten uns Mühe, obwohl es offensichtlich ist, dass *alles* verschieden ist. Warum sich der andere nie so verhält, wie wir es uns wünschen? Damit wir Gegensätze akzeptieren lernen, die sich in ihrem Ursprung rein gar nicht unterscheiden!

Es kann viele Gründe geben, warum sich jemand nicht mehr meldet. Wir mutmaßen: Bin ich dem anderen egal? Habe ich ihn verärgert oder verletzt? Gibt es einen anderen Grund?

Ich habe keine Zeit für Spekulationen!

Vielleicht hat der andere einfach zu viel zu tun, weil er sich nicht meldet – unzählige Möglichkeiten spuken in unserem Gehirn herum. Schweigen bedeutet nicht immer das Schlimmste. Warum fühlen wir uns ständig betroffen? Nehmen wir uns zu wichtig? Wenn ja, warum ist das so? Weil wir uns als Mittelpunkt des Lebens verstehen? Aber was ist der Mittelpunkt? Können wir das wirklich sein? Wer oder was sind wir?

Wenn wir uns mit solchen Fragen auseinandersetzen, bleibt weniger Zeit für Spekulationen und um Szenarien zu schmieden, die weit weg sind von jeglicher Realität. Gehen wir auf den anderen zu und brechen wir das Schweigen, damit sich alles aufklären kann.
Vermutungen kann man sein lassen, denn alles kann alles bedeuten, außer wir messen dem keine Bedeutung mehr zu.

Zerbrechen wir uns über Mutmaßungen und Interpretationen nicht den Kopf, damit sich Probleme verflüchtigen dürfen.

19

ENTSCHLEUNIGEN

Eine To-do-Liste

Eine gute Möglichkeit, um Stress zu minimieren, ist, eine Liste mit den Dingen zu erstellen, die noch erledigt werden müssen. Dann streicht man die unnützen Dinge nach und nach – und siehe da, die Liste wird kleiner. Vielleicht kommt aber auch noch etwas hinzu.

Ich weiß nicht, ob es am Alter liegt, früher habe ich mir kaum etwas aufgeschrieben. Nun merke ich, wie hilfreich es ist, sich Notizen zu machen. So hat man ein zusätzliches Gehirn in sichtbarer Form, auf das man jederzeit zurückgreifen kann.

Früher habe ich mich dabei ertappt, dass ich alles schnell abgearbeitet habe, damit ich noch Zeit für mich und die Familie hatte. Irgendwann spürte ich, dass ich auch dieses Verhalten loslassen kann, weil es unnatürlichen Druck erzeugte: Ich nahm den Augenblicken die Chance, mir zu zeigen, was wichtig war. Das Leben lässt uns immer wissen, was zu tun ist, und verleiht das Gefühl von Sicherheit.

Mithilfe von Notizen können wir den Stress und all die Gedanken, die darum kreisen, was alles noch erledigt werden muss, loslassen. Du kannst dir neben der Liste aller noch offenen Erledigungen auch eine Wunschliste der besonderen Art anlegen. Es gibt einen ganzen Fragen-Katalog, der dein Leben bereichern kann und mehr Leichtigkeit in deinen Alltag bringt.

- Was wünschst du dir?
- Was hast du noch vor?
- Was willst du dir Gutes tun?
- Wo findest du Platz für mehr Zeit mit dir selbst?
- Wem willst du etwas Gutes tun?

Immer mehr Menschen fühlen sich wohler, wenn sie etwas für andere tun. Was auch immer du tust, vergiss nie, dass alle Menschen in deinem Umfeld dasselbe wollen: glücklich sein. Deswegen ersetze materielle Wünsche durch solche von dauerhaftem Wert, denn um Menschlichkeit zu leben, dafür sind wir hier.

20

MENTALHYGIENE

Es gibt Dinge, die uns hemmen und uns daran hindern, glücklich zu sein. Sie verhindern erfolgreich, dass sich unser Leben verändert. Somit gilt es, von Zeit zu Zeit zu überprüfen, was uns festhält – oder auch umgekehrt: Was halten wir in unserem Bewusstsein, in unseren Gedanken, Gefühlen und im ganzen Leben fest? Woran klammern wir? Tatsache ist, dass wir uns solcher Blockaden nur selten bewusst sind, weil sie zur Gewohnheit geworden sind.

Nicht nur das Loslassen, auch die Veränderung selbst kann mit Ängsten behaftet sein. Der Mensch ist bestimmt nicht die mutigste Spezies, wenn es darum geht, neues Terrain zu betreten und das Sicherheitsdenken hinter sich zu lassen.

Loslassen ist kein Muss und kein Wettbewerb; es ist ein Geschenk an uns selbst, uns freier zu fühlen. Befreiung findet immer dort statt, wo wir es am wenigsten vermuten: in uns!

So etwas wie Sicherheit hat es niemals gegeben, außer in deinem Denken.

Versuchen wir, nicht alles zu verändern, sondern sagen wir Ja zur Veränderung, indem wir Ja zum Leben sagen und tun, was zu tun ist. Tägliche mentale Hygiene ist ein wichtiger Punkt, damit sich nicht zu viel Ballast ansammeln kann. Überprüfe, was noch zu dir gehört! Was hilft:

- Du darfst auch mal schlecht drauf sein!
- Unterscheide nicht zwischen guten und schlechten Tagen, beobachte sie!
- Führe ein Journal! (Notiere tägliche Fortschritte, Veränderungen etc.)
- Gründe eine Loslass-Gruppe mit Freunden!
- Hab keine Angst, stell dich deinen Schwächen!
- Sei nachsichtig mit dir und lass dir Zeit mit allem!
- Umgib dich mit positiven Dingen, die dich stärken!
- Tu dir und anderen Gutes, sei gut!
- Stell einen Wächter vor deine Gedanken!
- Vergib dir und anderen!
- Erstelle dir einen Tagesrückblick vor dem Einschlafen!

21

CHECK YOUR LIFE!

In welchen Kategorien gibt es in deinem Leben Handlungsbedarf? Notiere auch die flüchtigen Gedanken und spontanen Eingebungen zu allen deinen Lebensbereichen, auch wenn sie dir noch so unwichtig erscheinen. Tipp: Deine Notiz kannst du immer wieder zur Hand nehmen.

- ○ Beruf
- ○ Familie
- ○ Partnerschaft
- ○ Sonstige Beziehungskisten
- ○ Freundschaft
- ○ Gesundheit
- ○ Finanzielles
- ○ Freizeit
- ○ Lebensziele
- ○ Sport/Bewegung
- ○ Ernährung

Und wie sieht es auf deiner inneren Ebene aus? Was gibt es hier zu korrigieren, zu verbessern, loszulassen? Was taucht immer wieder auf? Welche Muster wiederholen sich? Welche Selbstläufer bestimmen dein Handeln und Denken?

Mache auch hier Notizen und halte sie in Stichworten fest:

Gewohnheiten ______________________

Gedankenkarusselle ______________________

Sichtweisen ______________________

Meinungen ______________________

Überzeugungen ______________________

Glaubensmuster ______________________

Gefühle ______________________

22

RÜCKZUGSORT

Die Urkraft des Seins

Es gibt einen Raum in uns, wo es nichts loszulassen gibt, weil er leer ist. Hier handelt es sich aber nicht um einen wirklich leeren Raum, sondern er ist vollgefüllt mit der Urkraft des Seins. Diese Fülle existiert in unserem eigentlichen Dasein, es ist reine Energie, die niemals an Kraft verliert.

Tauchen wir dort ein, wo es still ist und wir uns erholen können. Verweilen wir dort, wo es keine Gedanken gibt, wo alles seine Ordnung hat und wo eine friedvolle Atmosphäre herrscht. Dazu braucht es keine Hilfsmittel. Wir müssen einfach nur mit uns sein und nach innen sehen.

Ändere deinen Standpunkt.

Wir wissen, dass wir nur bedingt direkt auf Ergebnisse Einfluss nehmen können. Wer in der Sonne liegt, kann sich mit Cremes schützen. Man kann aber auch in den Schatten gehen. Gegen Regen hilft ein Regenschirm, geht man nicht aus dem Haus, braucht es diesen nicht. Was lernen wir daraus? Den Standpunkt oder die Strategie ändern, anstatt seiner oder ihrer Herr zu werden.

Probleme verschwinden, wenn wir schlafen. Sie tauchen sofort wieder auf, wenn wir erwachen und die Welt vereinnahmen. Die persönliche Identifikation lässt Herausforderungen nicht den Raum, als neutral wahrgenommen zu werden. So ist das Leben. Wenn wir uns einer negativen Gefühls- und Gedankenwelt hingeben, beginnen die Probleme, die im Ego begründet sind.

Bewusstes Einatmen und Ausatmen hilft, Stress zu bewältigen. Meditieren entspannt. Das Bestreben, damit etwas erreichen zu wollen, verstärkt jedoch das Ich-Gefühl, anstatt es zu reduzieren. Aber wir wollen es ja nicht nähren, sondern uns dem Selbst annähern.

Suche nicht nach Antworten, wie du das bewerkstelligen kannst. Geh in die Natur. Sie ist ein makelloses Spiegelbild unserer Seele. Die Bäume geben sich dem Wind hin so wie das Gras. Wäre das nicht auch etwas für dich?

In der Natur herrscht großes Schweigen. Vielleicht ist es das, was uns fehlt.

23

SAG JA ZUM NEIN

Bewusstes Neinsagen ist notwendig, damit du Zeit für die Dinge hast, zu denen du Ja gesagt hast!

Ich liebe dieses Motto. Lass es zu deinem Tagesmotto werden.

Es gibt einige Dinge, die uns nicht leichtfallen. Dennoch sind sie wichtig und sorgen dafür, dass wir uns nicht zu sehr in Dingen verlieren, die uns davon abhalten, die richtigen Dinge zu tun. Es geht nicht nur darum, zu sich zu stehen, sondern darum, sich an die erste Stelle zu rücken. Das hat nichts mit Egoismus zu tun, sondern mit Selbstliebe, Selbstwert und Sorgfaltspflicht sich selbst gegenüber.

Nimm folgenden Satz mit in den Tag: »Wenn es dir gut geht, geht es auch deinen Mitmenschen gut.« Denke nicht allzu viel darüber nach, was du tun oder nicht tun sollst. Lass die Kopfarbeit ruhen und dein Herz arbeiten. Es weiß, was zu tun ist. Was auch immer es entscheidet, es fühlt sich leichter an als das, was auf Erwartungen oder Zielen gründet.

Übernimm allumfassende Verantwortung für dein Leben, sei mutig und konsequent.

- Erkenne Grenzen und stecke Grenzen ab: Lebe mit gesundem Maß!
- Sei offen! Eine gesunde Portion Neugier hat noch niemandem geschadet!
- Beachte deine Unentschlossenheit: Nutzt du sie, um keine Verantwortung zu übernehmen?
- Sei konfliktbereit: Setze dich immer mitten ins Feuer, anstatt es zu umgehen!
- Der höchste Wille: Folge nicht deinem persönlichen Willen, sondern dem unpersönlichen, der frei von Erwartungen ist.
- Schenke Optimismus und Zuversicht Aufmerksamkeit und pflege sie!
- Nicht immer lässt sich spontan entscheiden, welche Alternative die bessere ist. Gib dieser Frage Zeit, um sich zu entfalten.

24

DER WEIHNACHTSENGEL

Heute besucht uns das Christkind!

Was für eine schöne Idee. Auch wenn wir mit fünf oder sechs Jahren wissen, dass das Christkind die Hände von Mutter und Vater hat – Glockengeläut, Sternspritzer, Weihrauchgeruch und Kerzen am Baum bleiben in Erinnerung.

Heute denken wir an diejenigen, die sich vielleicht einsam und alleine fühlen. Wir lassen uns los und rücken uns in den Hintergrund. Das Wichtigste in meinem Leben bin heute nicht ich, sondern ist der Wir-Gedanke und die Fürsorge. Ein schöner Gedanke, den wir auch jeden Tag vor dem Einschlafen zelebrieren können. Ich gedenke *alle Jahre wieder* intensiv dieser Menschen, denen ich heute besonders viel Glück und Liebe wünsche.

Vielleicht fühlst du dich heute nicht wohl? Solche Tage bestimmen nicht wir, sie geschehen! Lass uns gemeinsam an Engel denken, ganz gleich, ob es sie gibt oder nicht. Engel wohnen nämlich dort, wo man ihnen Glauben schenkt.

Das Christkind hat heute alle Hände voll zu tun. Wenn du dich ungeliebt und einsam fühlst, kann dir ein Engel zur Seite stehen. Dazu musst du nicht seinen Namen wissen. Ob Ariel, Muriel oder Samael – Bilder haben mehr Kraft als Namen. Hol einen Engel bewusst in dein Leben, indem du dich für Dankbarkeit, Liebe und Freude öffnest. Mach den Ort, an dem du dich befindest, zu einem des Wohlbefindens. Er darf ruhig einladend sein.

Zünde eine Kerze an und sieh deinen Engel vor dir, lass ihn lebendig werden. Alle Feinheiten zählen: sein Äußeres, welche Formen und Farben ihn ausmachen und umgeben ... Wie erscheint er dir? Der Fantasie sind keine Grenzen gesetzt, schließlich ist es dein Freund und Begleiter für diesen einen Moment. Und wenn du möchtest, kannst du diesen Moment bis ins Unendliche ausdehnen.

Nimm den Frieden mit in den nächsten Tag und in den übernächsten
und erinnere dich stets an den wahren Sinn des Lebens.

Bibliografische Information der Deutschen Nationalbibliothek
Die Deutsche Nationalbibliothek verzeichnet diese Publikation in der Deutschen Nationalbibliografie. Detaillierte bibliografische Daten sind im Internet über https://dnb.de abrufbar.

Für Fragen und Anregungen
info@m-vg.de

Wichtiger Hinweis
Ausschließlich zum Zweck der besseren Lesbarkeit wurde auf eine genderspezifische Schreibweise sowie eine Mehrfachbezeichnung verzichtet. Alle personenbezogenen Bezeichnungen sind somit geschlechtsneutral zu verstehen.

Originalausgabe
1. Auflage 2024

Türkenstraße 89
80799 München
Tel.: 089 651285-0

Redaktion: Petra Holzmann
Umschlaggestaltung: Manuela Amode
Umschlagabbildung: Shutterstock.com/Marish/
Adobe Stock/Gabi D
Abbildungen Innenteil: Adobe Stock/Gabi D/SunwArt
Layout: Manuela Amode
Satz: Kerstin Stein
Druck: Livonia Print, Riga
Printed in Latvia

ISBN Print 978-3-7474-0641-0

Wir produzieren nachhaltig
www.m-vg.de

Weitere Informationen zum Verlag finden Sie unter
www.mvg-verlag.de
Beachten Sie auch unsere weiteren Verlage unter www.m-vg.de